야채 & 과일 & 비누 조각 전문 사이트
[황선필의 카빙클럽과 함께]
www.carvingclub.net

Carvingclub

S.T.A.F.F

저　자	황선필 & 신창록
조　각	황선필 & 신창록
사　진	황선필 & 강효남
편　집	카빙클럽 출판
제　작	카빙클럽 공동

초판 인쇄　2007년 5월 15일
초판 발행　2007년 5월 15일
발 행 인　황선필
인　쇄　토파민
정　가　18,000원

주　소　경기도 의정부 가능2동 754번지
전화 번호　카빙클럽　016-748-1590
이 메 일　webmaster@carvingclub.net
　　　　　hsp007@hanmail.net
인터넷주소　www.carvingclub.net

- 이 책의 저작권은 카빙클럽(황선필)에 있습니다. -
저작권법에 의해 보호를 받는 저작물이므로 무단전재나
무단복제를 금합니다.

접시 데코레이션 있어서 중요한 색의 요소는 3가지로 나눌 수 있다.

첫번째 요소는 접시의 디자인과 색

두번째 요소는 장식을 하는 데 쓰이는 야채나 과일이 지니고 있는 천연색

세번째 요소는 담아내는 음식 색의 조화로 구성 된다.

색의 요소는 위에 3가지가 중복되지 않게 잘 어울릴 수 있는 색으로 선택하는 것이 장식을 더 돋보이게 할 수 있다.

우리 나라의 과일은 열대아 지방보다 과일의 다양함에 있어서 제한되어 있다.

그러한 이유로 저자는 우리 나라에서 흔히 볼 수 있는 과일로 사과, 배, 메론, 바나나, 파인애플 등 쉽게 구하고 먹을 수 있는 과일을 가지고 책에 기술했다.

이 책은 독자에게 있어 화려함 보다는 실용적인 측면에 중점을 두고 다가가도록 노력 했다.

일반적으로 흔히 볼 수 있는 과일을 가지고 자신의 개성을 살려서 지금 바로 도전해 보자.

P.R.O.F.I.L.E

야채과일조각1 (기초편)

2005년 6월 30일 발행

정가 25,000원

야채과일조각2 (중급편)

2006년 3월 15일 발행

정가 25,000원

수박과일조각1 (돌상 & 행사용)

2005년 9월 12일 발행

정가 25,000원

저자 약력

황 선 필 (Hwang Seon Pil)

- 타워, 힐튼 호텔, LG유통, 로얄 SHS 외식 사업부
- 요리 학원 강사 (과일 야채 조각 강사)
- 카빙 아카데미 교실 운영
- 서울 국제 요리 대회 메달 획득 (Vegetable Carving 부분)
- 카빙클럽 홈페이지 운영 (carvingclub.net)
- 백화점 문화센터 강좌
- MBC TV특종 "놀라운세상" (야채,과일조각) 기인열전 출현
- PSB 부산방송 "리얼터치 오늘" 출현
- SBS "모닝 와이드" 출현
- SBS "생방송 투데이" 출현
- SBS "비법대공개" 출현
- 야채과일조각1, 2, 수박과일조각1 책 출판
- 카빙클럽 출판사 대표
- 현) 카빙클럽 대표, 카빙 아카데미 교실 운영, 학원 강좌 및 이벤트 시연 활동

신 창 록 (Shin Chang Rok)

- 힐튼 호텔 외식 사업부
- 신라 호텔 외식 사업부
- 호텔 캐슬
- 째즈 윙거 주식회사 (블루노트)
- 서울프레스센타 (서울외신기자클럽)
- KBS "스펀지" 출현
- SBS "출발 모닝 와이드" 출현
- MBC "기분좋은날" 출현

이번에 책 마무리 작업을 하면서, 내가 어쩌다 조각을 시작하게 된 거지? 생각하게 되었다.

조각을 좋아 해서 요리를 시작하던 당시, 내가 요리사 또는 요리에 관련된 일이 아닌 다른 일을 하게 될 줄은 상상하지 못했던 일이다.

조각에 관련된 일을 할 수 있었던 일은 정말 나의 운명이라고 밖에 말할 수 없을 것 같다.

내가 이 일을 시작할때, 주변의 친구들은 어느 정도 자리잡아 그 위치에서 인정을 받을 당시, 나는 내가 가진 모든 것을 포기하고 새로운 일을 시작 할 수 밖에 없었다.

지금 생각하면 그때 이 일을 포기하고 하던 요리의 길을 계속 걸어서 친구들과 같은 일을 할 수도 있었다.

하지만, 나의 희망과 조각을 하면서 얻는 나만의 즐거움, 그리고 성취감은 나를 끊임없이 발전시키는 시간이 되었고, 지금에 이 자리까지 오게 된 원동력이라고 할 수 있다.

이 책을 펴내기까지 미흡한 점도 많고 준비 과정도 많았지만 모든 조리사와 서비스 분야에 계신분들께 조금이나마 도움이 되고자 책을 펴내게 되었다.

− 저자 황선필, 신창록 −

데코레이션이란?

식탁의 디스플레이나 테이블에 세팅 할 때 과일, 야채를 장식하여 손님에게 있어서 먹는 즐거움과 함께 보는 즐거움도 만족시키기 위한 하나의 예술 작품이라 할 수 있다.

요즘은 호텔 레스토랑이나 뷔페 스타일의 음식에서도 접시 데코레이션을 많이 활용하고 있어 접시에 색채감을 더욱 돋보이고 음식의 품위를 올리는 하나의 역활을 한다.

- 과일 & 야채의 효능 -

당근은 "피부식물" 이라고 불리며 채소 중에서 가장 많은 카로틴 성분을 가지고 있다.
　　　　당근의 선명한 붉은색은 비타민 A의 근원인 카로틴 색소 때문이다.
　　　　팩이나 천연 화장품에도 사용되고 있다.

무는 소화 기능을 도와주는 채소류로써 우리가 쉽게 먹을 수 있는 김치류에 속한다.
　　　　독성 단백질을 해독하기도 한다.

토마토는 항암효과가 다른 과일이나 채소에 비해 많이 높으며 암이나 뇌졸증, 심근경색, 혈압같은 질환에 효과.
　　　　무엇보다 토마토의 붉은색을 내는 색소인 리코펜은 탁월한 항암제로 익혀 먹으면 몸에 흡수가 더 잘 되고 소화에도 좋다.

파슬리는 향이 진하여 음식을 담는 접시에 장식용으로 많이 사용된다.
　　　　다른채소와 함께 녹즙으로도 활용되며 피를 맑게 하고 해독 작용이 있어서 얼굴의 뾰루지에 효과가 있다.

오렌지는 항암 효과가 있으며 껍질을 이용하여 차를 끓여 마시기도 한다
　　　　과일 장식에 많이 사용되고 있으며 냄새 제거를 위해 활용 되기도 한다.

수박은 무더운 여름에 좋은 박과에 속하는 일년생의 덩굴풀로 신경안정, 갈증해소, 더위해소 작용을 한다.
　　　　요즘은 돌잔치나 회갑잔치에 조각을 하여 장식용으로 쓰이기도 한다.

레몬은 열매의 모양은 타원형이고 겉껍질이 녹색이지만 익으면 노란색으로 변하며 향기가 강하다.
　　　　과즙은 음료, 식초, 화장품의 원료로 사용되며 접시의 데코레이션이나 생선의 비릿내 제거에도 효과가 있다.

T.O.O.L.S

식품 조각의 도구

제품명 : 조각도 가방 세트

식품 조각의 도구는 조각의 가장 중요한 조건으로,
식품 조각이 나오기 까지는 신선한 재료, 조각의 기술 그리고 마지막으로 조각 도구가 필요하다.
이 처럼 도구의 비중이 큰 만큼 자신에게 맞는 도구를 선택하는 것이 좋고, 한 세트의 도구만 준비 된다면, 재료를 보다 효과적으로 표현 할 수 있습니다.

[조각 관련 문의는 카빙클럽(www.CarvingClub.net)에서]

평면칼 (일반적인 주방용칼)

평면칼은 길이가 20Cm, 넓이 4~5Cm로,
이 칼은 자르고, 평면으로 편을 내고, 깎기, 돌리기 등에 사용할 수 있으며,
평면으로 편을 낼 때, 가장 많이 사용하여, 평면칼이라고 한다.
(일반 가정에서 사용하는 식도)

조각칼 (50mm, 80mm 샤또 나이프)

칼의 길이는 50~80mm, 넓이는 10~15mm이며,
칼날은 가늘고 길게 아치형으로 되어 조각을 편하게 할 수 있도록 만들어 졌으며, 가장 보편적으로 널리 쓰이는 칼입니다.
(50mm는 간단한 꽃조각을 할때 편리하고, 80mm는 수박카빙이나, 50mm가 미치지 않는 섬세한 조각까지 가능)

목차 CONTENTS

1. Basis
야채, 과일을 이용한 접시 장식 9 – 60

2. standard
과일 예쁘게 모양 내기 61 – 69

3. Practical
MP비누로 조각 70 – 80

Carving Club [009]

1. 방울 토마토를 조각칼로 반을 자른다.

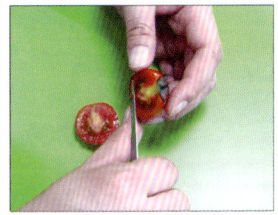
2. 한쪽면에 꼭지가 떨어지지 않게 주의하자.

3. 호박을 사용하여, 나뭇잎과 줄기를 그려 보자.

4. 그림과 같이 조각칼로 그린다.

5. 그려진 면에 나뭇잎에 층을 만들자.

6. 다음과 같이 만들고,

7. V자형 도구로 줄기를 넣는다.

8. 여러개의 나뭇잎을 만들어 준비 해 놓는다.

9. 방울 토마토와 호박으로 만든 나뭇잎을 접시에 놓는다.

10. 균형있게 접시에 담아 놓는다.

Carving Club [010]

1. 열대 과일 화용과를 편으로 썰어 놓는다.

2. 우리나라에서 흔히 볼 수 있는 키위와 비슷한 과일이다.

 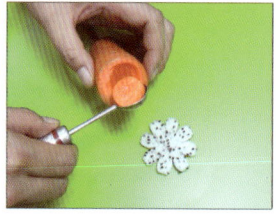  

3. 조각칼로 그림과 같이 그린다.
4. 화채 스푼을 이용하여 당근을 둥글게 떠낸다.
5. 화용과 위에 올려 놓는다.
6. 당근을 길게 편 떠낸다.

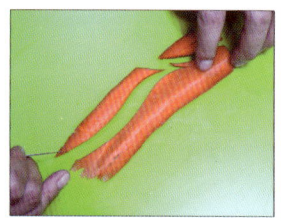   

7. 조각칼로 그림과 같이 잎을 그리자.
8. 반대쪽도 같은 방법으로 그린다.
9. 안쪽에 홈을 만들어 떠내자.
10. 그림과 같은 방법으로 만든 다음, 접시에 장식해 보자.

Carving Club [011]

1. 배를 준비한다.
2. 배를 3등분하여 자른다.
3. 일정한 간격으로 떠낸다.
4. 나머지 양쪽도 같은 방법으로 떠낸다.
5. 양쪽은 가운데와 반대 방향으로 편다.
6. 당근을 길게 자른다.
7. 그림과 같이 자른다.
8. 밑면을 제외하고 자른다.
9. 다른 각도에서 본 그림.
10. 배 뒷쪽에 당근을 놓는다.
11. 수박 껍질을 길게 떠낸다.
12. 화채 스푼으로 당근을 둥글게 떠낸다.
13. 수박 껍질을 접시에 놓고, 당근을 열매처럼 놓는다.
14. 접시에 장식하면 완성
15. 다른 채소를 활용하여 다양하게 만들어 보자.

Carving Club [012]

1. 마디호박을 적당한 길이 자른다.

2. 호박을 굵게 편을 썬다.

3. 조각칼로 주름을 넣으면서 나뭇잎을 그려 보자.

4. 이런 방법으로 여러 개의 나뭇잎을 만들자.

5. V자형 도구로 나뭇잎 안쪽에 무늬를 넣자.

6. 나뭇잎 주름에 맞게 줄기를 넣자.

7. 무를 얇게 썰어서 준비 한다.

8. 조각칼로 꽃무늬를 떠낸다.

9. 당근을 얇게 썰어서 U자형 도구로 원을 떠낸다.

10. 그림과 같이 만든 다음,

11. 접시에 호박을 놓고,

12. 꽃무늬를 놓으면 완성.

Carving Club [013]

1. 무를 둥글게 자른다.

2. 파도를 표현하기 위해 추상적으로 파도 무늬를 넣는다.

3. 그림과 같은 방법으로 여러 개를 만들어 준비 한다.

4. 다른 무늬도 넣어 보자.

5. 당근을 사용하여 소라를 만들어 보자.

6. U자형 도구로 소라 구멍을 만들자.

7. 당근이 깨지지 않게 주의해서 넣는다.

8. V자형 도구로 소라에 주름을 넣자.

9. 힘을 조절하여 도구에 손이 다치지 않게 조심하자.

10. 소라가 만들어 졌으면, 그릇에 장식해 보자.

1. 수박 껍질을 사용하여 포도잎을 표현해 보자.

2. U자형 도구를 넣어 포도알을 표현해 보자.

3. 포도잎을 접시에 놓고,

4. 포도알을 쌓아 놓으면, 완성

Carving Club [014]

1. 샐러리의 잎사귀를 이용하여 접시에 장식해 보자.

2. 접시에 알맞게 잘라서 놓는다.

3. 풀을 표현하기 위해 오이를 반으로 자른다.

4. 반으로 자른 오이에 V자형 도구로 주름을 넣는다.

5. 오이의 한쪽 끝을 편으로 썬다.

6. 반대쪽 면을 조각칼로 떠낸다.

7. 샐러리 아래쪽에 오이를 펴서 깔아 놓는다.

8. 홍고추를 둥글게 썰어 놓는다.

9. 꽃을 표현하기 위해 여러 개를 준비해 놓는다.

10. 홍고추를 5개씩 둥글게 놓는다.

11. 색의 대비를 위해 녹색 체리를 준비해 놓는다.

12. 체리를 반으로 자른다.

13. 홍고추 위에 체리를 올려 놓는다.

14. 샐러리 줄기를 편썬다.

15. 편을 썬 줄기를 접시 위에 일정한 간격으로 놓으면 완성.

Carving Club [015]

1. V자형 도구로 레몬에 주름을 넣는다.

2. 그림과 같이 일정한 간격으로 넣는다.

3. 레몬의 반을 자른다.

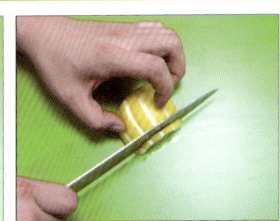
4. 반을 자른 레몬을 일정한 간격으로 썰어 놓는다.

5. 레몬이 아닌 다른 것을 이용해도 좋다. (예를 들어 오렌지 같은 과일)

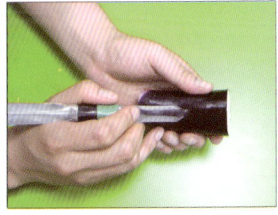
6. 가지도 레몬과 같은 방법으로 준비한다.

7. 가지 대신 오이를 사용해도 좋다.

8. 가지가 레몬 보다 작기 때문에 어슷하게 썰어 놓는다.

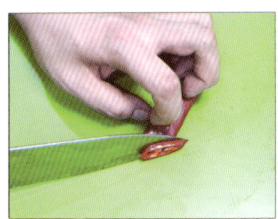
9. 홍고추도 어슷 썰어 준비한다.

10. 레몬을 접시에 펴서 놓는다.

11. 깔아 놓은 레몬 안쪽에 가지를 세워서 놓는다.

12. 레몬 바깥쪽에는 어슷 썰어 놓은 홍고추를 놓으면, 완성

Carving Club [016]

1. 당근을 얇게 썰어서 준비한다.

2. 원형틀을 이용하여 꽃잎을 만든다.

3. 그림과 같이 꽃잎을 만들자.

4. 이런 방법으로 여러 개의 꽃잎을 만들자.

5. 접시에 꽃잎을 5개씩 올려 놓는다.

6. 가운데에 적체리를 올려 놓자.

7. 마늘쫑을 줄기로 사용하자.

8. 마늘쫑을 어슷하게 썰어서 준비 한다.

9. 접시에 가장자리에 어슷하게 배치해서 놓는다.

10. 마늘쫑 사이사이에 적체리와 녹색 체리를 올려 놓는다.

11. 색의 대비만으로도 화려한 접시를 장식 할 수 있다.

12. 우리나라에서 흔히 볼 수 있는 채소를 가지고 최대한 활용해 보자.

Carving Club [017]

 1. 무를 둥글게 썰어서 준비한다.
 2. 무가 크기 때문에 3등분 한다. 작은 것은 2등분 하면 된다.
 3. 원형틀을 사용하여 한쪽면을 둥글게 만든다.
 4. 무를 둥글게 말아서 꽃을 만들자.

 5. 말아 놓은 무가 풀리지 않도록 주의 하자.
 6. 말아 놓은 무가 풀리지 않도록 핀이나 이쑤시개로 고정시킨다.
 7. 무의 가장자리에 색을 입히자.
 8. 오이를 반으로 잘라서 V자형 도구로 주름을 넣는다.

 9. 오이를 편썰어서 접시에 놓는다.
 10. 오이를 엇갈리게 배치해서 놓는다.
 11. 그림과 같이 만든 다음, 체리를 준비 한다.
 12. 체리를 오이 사이사이에 놓으면, 완성된다.

Carving Club [018]

1. 당근을 얇게 썰어서 준비한다.

2. 그림과 같이 개나리 무늬로 그려보자.

3. 마늘쫑을 어슷하게 썰어서 준비한다.

4. 그림과 같이 개나리꽃 아래에 줄기로 장식해 보자.

5. 일정한 간격으로 여러 개를 배치해 보자.

6. 샐러리를 어슷하게 썰어서 준비한다.

7. 샐러리를 접시에 올려 놓는다.

1. 오이와 가지를 어슷하게 썰어서 접시에 올려 놓는다.

2. 개나리꽃을 사이사이에 놓으면 완성

Carving Club [019]

1. 무를 둥글게 자른다.

2. U자형 도구를 사용하여 리본 장식을 만들어 보자.

3. 조각칼로 리본을 그린다.

4. 조각칼로 리본의 안쪽에 홈을 만들어서 떠내자.

5. 그림과 같이 만들어 놓은 다음.

6. 만들어진 리본을 칼로 여러번 떠낸다.

7. 방울 토마토를 반으로 자른다.

8. 화용과를 편으로 썰어서 꽃잎을 그려 놓는다.

9. 그림과 같이 만들어 놓은 다음.

10. 접시에 놓고 방울 토마토를 올려 놓는다.

11. 접시에 리본과 꽃을 장식하면 완성

Carving Club [020]

1. 매화꽃 모양틀을 사용하여 무에 모양을 넣는다.

2. 당근도 같은 방법으로 모양을 넣어서 준비 한다.

3. 당근으로 나비 모양을 준비해서 접시에 장식 해 보자.

1. 나비 모양의 당근을 접시에 준비한 다음,

2. 접시 테두리를 다른 모양틀로 장식한다.

3. 무로 나비를 만들어서 파슬리에 놓으면 완성.

Carving Club [021]

1. 당근을 얇게 편을 썰어서 준비 한다.

2. 장미꽃의 꽃잎을 그려서 떠낸다.

3. 떠낸 꽃잎을 접시에 올려 놓는다.

4. 미적 감각을 살려서 꽃을 표현해 보자.

5. 꽃을 만든 다음 수박 껍질로 줄기를 그려 보자.

6. 그림과 같이 줄기를 만든 다음, 접시에 장식해 보자.

Carving Club [022]

1. 오이 꼭지를 활용하여 개구리를 만들어 보자.

2. 오이 끝을 어슷하게 자른다.

3. U자형 넓은 도구로 개구리에 입을 떠낸다.

4. 같은 방법으로 아래쪽에 떠내면, 개구리 입이 만들어 진다.

5. 그림과 같이 몸통을 만들어 놓은 다음,

6. 인조눈을 개구리 눈 위치에 붙인다.

7. 다른 오이를 돌려 깎아서 껍질만 준비해 놓는다.

8. 껍질에 개구리 앞다리와 뒷다리를 그려 놓는다.

9. 접시에 그림과 같이 개구리를 올려 놓는다.

10. 홍고추를 사용하여 접시 테두리를 장식해 보자.

11. 당근을 얇게 썰어서 매화꽃을 만들어 놓는다.

12. 샐러리도 편을 썰어서 준비한다.

13. 매화꽃, 샐러리, 홍고추를 접시에 예쁘게 장식해 놓는다.

14. 매화꽃 위에 적체리를 반으로 잘라서 올려 놓는다.

15. 접시 색에 따라 채소의 색도 다르게 배치해서 올려 놓는다.

Carving Club [023]

1. 오이를 반으로 갈라서 준비한다.

2. 오이의 가장자리를 칼로 자른 다음, 세로로 칼집을 넣는다.

3. 오이를 가로로 어슷하게 칼집을 넣는다.

4. 샐러리 잎을 아래에 깔아 놓고, 그 위에 오이를 엇갈리게 펴낸다.

5. 오이를 가늘고 길게 떠내어, 줄기를 만든다.

6. 홍고추를 둥글게 썰어서 가운데에 체리를 올려 놓는다.

7. 같은 방법으로도 연출 방법에 따라 다양한 장식을 할 수 있다.

8. 반대쪽도 같은 방법으로 꽃을 장식하면 완성된다.

Carving Club [024]

1. 가지를 반으로 자른다.

2. V자형 도구로 주름을 넣는다.

3. 주름 넣은 가지를 어슷하게 썰어서 준비한다.

4. 가지를 펴서 접시에 하트 모양으로 깔아 놓는다.

5. 싱싱한 파슬리를 준비한다.

6. 접시 가장자리에 파슬리를 올려 놓는다.

7. 무를 둥글게 잘라서 준비한다.

8. U자형 넓은 도구를 사용하여 하트를 쉽게 그려보자.

9. 접시 크기에 알맞게 하트를 만들자.

10. 적색소를 무의 가장자리에 입히자.

11. 당근도 얇게 썰어서 하트 모양을 만들자.

12. 접시에 일정한 간격으로 하트를 놓는다.

13. 오이를 둥글게 썰어 놓는다.

14. 접시에 적체리와 올려 놓으면 완성

15. 애인에게 프로포즈할때 요리를 이 접시에 예쁘게 담아 보세요.

Carving Club [025]

1. 마늘쫑을 어슷하게 썰어서 준비한다.

2. 마늘쫑 길이에 따라 꽃잎의 길이가 정해 진다.

3. 접시에 그림과 같이 마늘쫑을 올려 놓는다.

4. 당근으로 매화 꽃을 만들어 마늘쫑 위에 놓는다.

5. 적체리도 반을 잘라서 올려 놓는다.

6. 마늘쫑을 꽃사이에 넣어서 줄기로 표현해 보자.

7. 샐러리 잎을 떼어서 마늘쫑과 꽃사이에 놓는다.

8. 균형있게 배치하는 것이 중요하다.

9. 오이를 어슷 썰어서 풀을 표현해 보자.

10. 꽃 아랫쪽에 오이를 배치해 놓는다.

11. 가지는 둥글게 어슷 썰어서 접시 테두리에 장식하자.

12. 가지와 접시에 체리를 올려 놓으면 완성.

Carving Club [026]

1. 통조림 파인애플 슬라이스를 준비한다. 일반 파인애플을 사용해도 된다.

2. 파인애플을 일정한 간격으로 8등분 한다.

3. 등분한 파인애플을 3개씩 놓는다.

4. 무를 국화 무늬로 떠낸다.

5. 파인애플 가운데에 올려 놓는다.

6. 적체리를 국화 위에 놓는다.

7. 샐러리 잎을 한장씩 떼어 놓는다.

8. 샐러리 잎을 파인애플 사이에 넣는다.

9. 그림과 같이 만든 다음,

10. 가지를 둥글게 썰어서 준비한다.

11. 가지를 3개씩 놓고 그 위에 체리로 장식한다.

12. 완성

Carving Club [027]

1. 무를 길게 썰어서 준비한다.

2. 튤립을 생각하면서 조각칼로 그려 보자.

3. 그림과 같은 방법으로 만들면 된다.

4. 접시에 놓고 구도를 잡아 보자.

5. 무에 색을 입혀 보자.

6. 꽃은 적색으로 줄기는 녹색으로 입히자.

7. 그림과 같이 시간이 흐르면, 골고루 색이 물든다.

8. 파슬리 또는 샐러리 잎과 함께 접시에 담아 보자.

Carving Club [028]

1. 오이를 반으로 자른 다음, 한쪽 끝을 채썬다.

2. 채 썬은 반대쪽 면을 어슷하게 떠낸다.

3. 그림과 같이 여러 개를 만들어 준비한다.

4. 오이를 칼 등으로 편다.

5. 화채 스푼을 이용하여 당근을 둥글게 떠낸다.

1. 토마토를 반으로 갈라 그림과 같이 떠낸다.

6. 오이와 당근을 접시에 놓으면 완성.

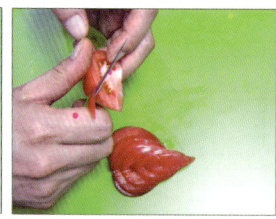

2. 토마토가 잘 익지 않은 것으로 하는 것이 쉽다.

3. 가장자리에 토마토를 조각칼로 떠낸다.

4. 반대쪽 면도 같은 방법으로 한다.

5. 오이와 방울 토마토를 사용하여 접시에 담아 보자.

Carving Club [029]

1. 무를 길게 자른다.

2. 그림과 같이 여러 개를 만들어서 준비한다.

3. 무의 가장자리를 칼로 다듬어 준다.

4. 호박도 같은 방법으로 편을 떠낸다.

5. 길게 떠낸 무 사이에 호박을 올려 놓고 감는다.

6. 풀리지 않게 핀으로 고정 시킨다.

7. 샐러리를 아래에 깔아 놓고 꽃을 올려 놓는다.

8. 파인애플 조각을 준비한다.

9. 일정한 간격으로 배치해서 놓는다.

10. 오이와 적체리를 포개서 접시에 놓는다.

11. 샐러리를 준비한다.

12. 빈 자리에 샐러리를 놓으면 완성.

Carving Club [030]

1. 당근을 7Cm 길이로 자른다.

2. 자른 당근을 4등분 한다.

3. 4등분 한 당근을 둥글게 깎아 보자.

4. 그림과 같은 방법으로 칼집을 여러번 넣는다.

5. 떨어지지 않게 주의해서 넣는다.

6. 자른 당근을 손으로 밀어 준다.

7. 샐러리의 잎을 아래에 깔아 놓고 당근 장식을 올려 놓는다.

8. 무를 얇게 썰어서 준비한다.

9. 나비를 만들어서 칼로 여러번 떠낸다.

10. 마늘쫑을 어슷하게 썰어서 준비한다.

11. 마늘쫑으로 나비의 더듬이를 표현해 보자.

12. 완성

Carving Club [031]

1. 호박을 반으로 자른다.

2. 자른 호박을 편으로 썰어서 준비한다.

3. 한쪽을 어슷하게 떠낸다.

4. 가운데를 양쪽으로 벌려서 편다.

5. 접시에 여러 개를 놓는다.

6. 그림과 같이 담아 놓은 다음,

7. 홍고추를 둥글게 썰어 놓는다.

8. 완성

Carving Club [032]

1. 홍고추를 어슷 썰어서 준비한다.

2. 고추를 어슷 썰어서 준비한다.

3. 고추와 홍고추를 번갈아서 놓는다.

4. 그림과 같이 그릇에 장식한다.

5. 샐러리 줄기를 얇게 떠서 준비한다.

6. 샐러리를 고추 사이에 꽂아서 장식한다.

7. 무를 꽃잎으로 만들어서 준비한다.

8. 완성

Carving Club [033]

1. 큰 당근을 5Cm 길이로 자른다.

2. 당근을 둥글게 깎아 놓는다.

3. 둥근 부분에 꽃잎을 하나씩 떠낸다.

4. 꽃잎에 층이 지게 떠낸다.

5. 같은 방법으로 꽃잎을 만들어 보자.

6. 꽃잎이 떨어지지 않게 주의한다.

7. 그림과 같이 꽃 완성!

8. 적채를 준비한다.

9. 적채를 채썰어서 접시에 깔아 놓는다.

10. 무를 얇게 썰어서 꽃잎을 하나하나 만들어 놓는다.

11. 그림과 같이 접시에 깔아 놓는다.

12. 반대쪽도 같은 방법으로 하면 완성.

Carving Club [034]

1. 당근을 사각 기둥으로 자른다.

2. V자형 도구로 잠자리의 몸통에 주름을 넣는다.

3. 당근을 매끄럽게 다듬어 준다.

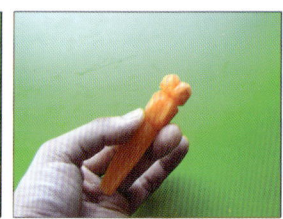
4. 당근 앞쪽에 눈을 양쪽으로 떠낸다.

5. 인조눈을 붙인다.

6. 날개를 만들어서 준비한다.

7. 날개를 얇게 떠낸다.

8. 잠자리 몸통에 날개를 접착제로 붙인다.

9. 호박으로 나비 무늬를 떠낸다.

10. 접시의 테두리에 장식한다.

11. 홍고추를 어슷하게 썰어 놓는다.

12. 접시에 그림과 같이 놓는다.

Carving Club [035]

1. 나비를 무에 그려 놓는다.

2. 나비의 안쪽에 홈을 넣어서 무늬를 넣는다.

3. 무로 나비의 더듬이를 그려서 장식하면 완성.

Carving Club [036]

1. 무를 얇게 편으로 썬다.

2. 같은 두께로 여러 장을 준비 한다.

3. 꽃잎의 모양틀 또는 칼로 그림과 같이 그려 놓는다.

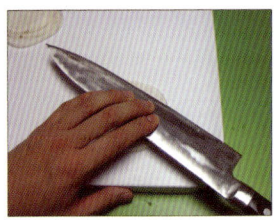
4. 야채 위에 모양틀을 놓고 칼의 평면을 눌러 주면, 쉽게 모양을 낼 수 있다.

5. 그림같은 방법으로 여러 장을 준비 한다.

6. 다른 모양틀을 이용하여 다른 모양도 만들어 보자.

7. 작은 치수의 꽃잎 모양틀을 준비 하자.

8. 꽃잎 모양의 중간 부분을 한번 더 모양틀로 찍어 중간을 분리 시키자.

9. 접시에 무를 올려서 꾸며 보자.

10. 다른 모양도 그려서 사용하자.

11. 얇게 썰어 놓은 무에 그림과 같이 그리자.

12. 이번에는 당근을 꽃잎 모양으로 만들어 놓자.

13. 무로 꽃심을 만들고 꽃심을 기준으로 당근 꽃잎을 접착제로 붙인다.

14. 파슬리를 접시에 놓고 그 위에 꽃을 담아 장식 한다.

15. 완성

Carving Club [037]

1. 당근을 얇게 편으로 썰어서 준비한다.

2. 그림과 같은 모양으로 여러 장을 준비한다.

3. 무를 복숭아 모양으로 그려서 가운데에 홈을 떠낸다.

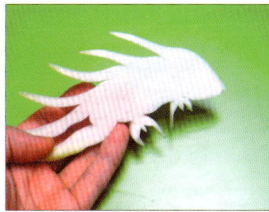

1. 무를 길게 편으로 썰어서 물고기 모양으로 그려 놓는다.

2. 물고기 모양 안쪽에 비늘을 그려서 떠낸다.

3. 당근에 모양틀을 눌러서 떠낸다.

Carving Club [038]

 1. 무를 5Cm 두께로 잘라서 준비 한다.
 2. 무에 한쪽 면을 둥글게 깍아 놓는다.
 3. 조각칼로 꽃봉오리를 그려 넣는다.
 4. 그림과 같은 방법으로 꽃잎을 그려 보자.
 5. 마지막에 무에서 꽃을 떨어지게 한다.
 6. 꽃의 가장자리에 색소를 사용하여 색을 입히자.
 7. 그림과 같이 색을 골고루 입힌 다음,
 8. 수박 껍질을 사용하여 줄기를 그려 보자.
 9. 조각칼로 자연스럽게 그린다.
 10. V자형 도구로 무늬를 넣는다.
 11. 접시에 놓고 위치를 정한다.
 12. 줄기 위에 꽃을 놓으면, 완성

Carving Club [039]

1. 당근을 직삼각형으로 자른다.

2. 한쪽면을 조각칼로 떠낸다.

3. 그림과 같이 떠낸 면을 그린 다음.

4. 반대쪽 면에 층을 넣어보자.

5. 그린 면을 안쪽에 넣는다.

6. 같은 방법으로 2개를 만들어 그림처럼 놓는다.

7. 배를 일정하게 떠내서, 당근에 올려 놓는다.

8. 양쪽도 같은 방법으로 배를 만들어서 준비한다.

9. 떨어지지 않게 주의

10. 접시에 파슬리를 깔아 보자.

11. 접시 테두리를 장식해 보자.

12. 적채를 채썰어서 테두리에 깔아 보자.

Carving Club [040]

1. 공작의 머리를 만들기 위해 당근을 머리 길이 만큼 자른다.

2. 구도는 그림과 같이 어슷하게 잘라서 준비한다.

3. 부리가 되는 부분을 뾰족하게 잘라 놓는다.

4. 가장 먼저 부리를 만든다.

5. 부리를 기준으로 머리 형태를 만들어 보자.

6. 그림과 같이 형태를 만든 다음.

7. 부리와 눈을 그려 보자.

8. V자형 도구로 깃털을 넣는다.

9. 그림과 같이 깃털을 다 넣은 다음,

10. 벼슬과 진주핀을 공작에 붙인다.

11. 가지를 편썰어 준비한다.

12. 편썰어 놓은 가지를 접시에 놓는다.

Carving Club [041]

13. 접시에 파슬리를 놓고, 그 위에 공작을 올려 놓는다.

14. 당근으로 깃털을 만들어서 준비한다.

15. 만든 깃털을 접시에 균형있게 올려 놓는다.

16. 오이는 껍질을 살짝 벗겨서 준비한다.

17. 반으로 갈라서 어슷하게 썰어서 펴낸다.

18. 가운데 가닥을 안쪽으로 넣는다.

19. 여러 개를 같은 방법으로 만들어서 접시에 놓는다.

20. 가지를 준비해 놓는다.

21. 오이와 같은 방법으로 떠낸다.

22. 그림과 같이 오이 옆에 올려 놓는다.

23. 무를 준비 한다.

24. 무에 색을 입혀서 공작의 꼬리를 완성 시키자.

Carving Club [042]

1. 독수리의 몸이 틀어진 상태를 만들기 위해서 당근을 잘라서 붙인다.

2. 작게 만들면, 표현하기 힘들기 때문에 당근을 여러개 붙이는 것이다.

3. 빈틈이 없게 접착제로 붙인 다음, 면을 칼로 떠낸다.

4. 그림과 같이 표면을 매끄럽게 만든다.

5. 구도에 불필요한 부분을 칼로 잘라낸다.

6. 머리와 목이 될 부분을 칼로 떠낸다.

7. U자형 도구를 목 중심에 넣는다.

8. 그림과 같이 안쪽에 홈을 떠낸다.

Carving Club [044]

1. 앵무새를 만들어 보자.

2. 앵무새를 만들기 쉽게 구도를 잘라서 준비한다.

3. 부리와 머리가 큰 것이 특징이므로, 그 부분을 잘 살려서 조각하자.

4. 그림과 같이 틀을 만든 다음,

5. 머리에 U자형 도구를 사용하여 눈을 만들자.

6. 조각칼로 깃털을 넣는다.

7. 반대쪽도 같은 방법으로 조각한다.

8. 인조눈을 붙이자.

9. 다리를 만들기 위해 U자형 작은 도구를 사용하여 넣는다.

10. 조각칼로 다리를 그린다.

11. 꼬리 깃털을 만들자.

12. 무 조각을 활용하여 장식하면 완성

Carving Club [045]

1. 당근을 기러기 날개가 될 크기만큼 자른다. (약 7Cm길이 정도)

2. 한면을 자른 다음, 양쪽으로 두장을 떠낸다.

3. 윗면과 아랫면의 두께를 일정하게 떠낸다.

4. 양쪽의 두께가 일정해야 날개가 한쪽으로 기울지 않는다.

5. 기러기의 머리와 목이 될 부분을 그린다.

6. 나비 만들기와 같은 원리로 그림과 같이 그린다.

7. 날개를 그려 보자.

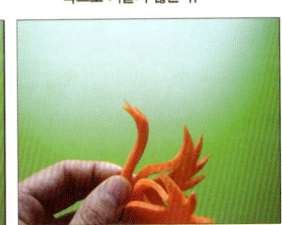
8. 머리를 날개 안쪽에 넣는다.

9. 그림과 같이 만들어 졌으면, 기러기가 완성.

10. 기러기를 세울 수 있도록 받침을 만들어 보자.

11. 받침에 주름을 넣는다.

12. 기러기를 받침에 세워 보자.

Carving Club [046]

1. 늙은 호박을 이용하여 거북이를 만들어 보자.

2. 호박을 반으로 자르고 씨를 제거하자.

3. 그림과 같이 손질한 다음,

4. 호박의 껍질을 제거하자.

5. 껍질을 골고루 벗겨 내자.

6. U자형 도구를 사용하여 등껍질 테두리를 깎아 내자.

7. 그림과 같이 만든 다음,

8. V자형 도구를 사용하여 무늬를 넣는다.

9. V자형 도구를 넣을 때는 깊이에 주의하자.

10. 거북이의 특징적인 무늬를 넣는다.

11. 테두리에 장식 무늬를 넣는다.

12. 그림과 같이 등껍질을 표현 했으면,

Carving Club [047]

13. 뒷면에 배 주름을 넣는다.

14. 배 주름 넣은 것을 거북이 등쪽 반대편에 접착한다.

15. 접착제를 골고루 펴서 바른다.

16. 접착제가 손에 묻지 않게 주의한다.

17. 다리를 따로 만들어서 거북이 몸에 접착한다.

18. 총 4개의 다리를 만든다.

19. 그림과 같이 접착한다.

20. 꼬리도 다리와 같은 방법으로 만든다.

21. 다리와 꼬리를 붙였으면, 머리를 만든다.

22. 당근을 머리와 목에 길이 만큼 자른다.

23. 머리에 눈을 진주핀으로 장식한다.

24. 머리를 몸에 접착하면 완성.

Carving Club [048]

1. 줄칼을 사용하여 수박에 문양을 넣어 보자.

2. 수박에 전체적인 구도를 표시해 보자.

3. 큰 그림만 그려 놓는다.

4. 그림과 같이 표시한 다음,

5. 조각칼로 수박에 무늬를 넣어 보자.

6. 떨어질 부분은 조각칼을 깊게 넣는다.

7. 그림과 같이 반대쪽도 같은 방법으로 떠낸다.

8. 수박은 깨지기 쉽기 때문에 잘 익은 것은 피해 조각한다.

9. 줄칼의 갈코리를 수박에 걸어서,

10. 원하는 무늬 모양으로 그린다.

11. 같은 방법으로 다른 면도 그려 보자.

12. 그림과 같이 만들어 졌으면,

Carving Club [049]

13. V자형 도구를 사용하여 무늬를 넣어도 된다.

14. 3면을 같은 방법으로 줄무늬를 넣고,

15. 가운데에도 장식을 해보자.

16. 테두리를 V자형 도구로 떠낸다.

17. 깊이에 주의해서 넣는다.

18. 전체적인 선부터 그려 나간다.

19. 초보자는 도구가 깊게 들어가지 않도록 주의

20. 아래쪽도 주름 무늬를 넣는다.

21. 수박 중심에 홈을 떠내어 무늬를 넣는다.

22. 칼을 깊게 넣어야 색이 붉게 표현

23. 이번에는 안쪽에 무늬를 넣어 보자.

24. 줄칼을 걸어서 시작한다.

25. 그림과 같이 수박 껍질이 떨어지지 않게 한다.

26. 힘을 조절해야 껍질이 다치지 않는다.

27. 줄칼에 용도는 이렇게 수박의 껍질이 떨어지지 않게 하기 위해 사용.

28. 이번에는 반대 방향에 선을 그려 보자.

29. 그림과 같이 넣었으면,

30. 무늬 사이에 선을 그려 보자.

31. V자형 도구로 선을 그린다.

32. 줄칼로 그린 부분을 깊게 칼로 넣는다.

33. 안쪽에 있는 수박을 손으로 잡아 빼낸다.

34. 줄칼로 그린 수박 껍질이 안쪽 수박을 지탱하면 입체적인 효과를 준다.

35. 다른 무늬도 만들어 보자.

36. 완성

Carving Club [050]

1. 범선 만들어 보기.

2. 무를 사용하여 범선의 본체를 만들자.

3. 범선의 윤곽을 자른다.

4. 갑판이 될 부분을 남기고 자른다.

5. 선실이 될 부분만 남기고 자른다.

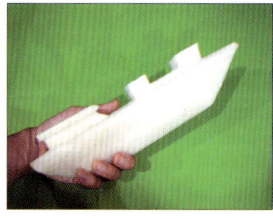
6. 배의 윤곽이 만들어 졌으면.

7. 먹는 배를 활용하여 배에 장식해 보자.

8. 껍질만 깎아서 모아 두자.

9. 배의 본체 바닥에 붙인다.

10. 빈틈없이 접착제로 붙인다.

11. 배의 선실 쪽에도 포인트로 붙여 보자.

12. 수박 껍질로 깃을 만들면 완성, 과일에 버리는 껍질 부분만 활용하자.

Carving Club [051]

1. 여름에 흔히 볼 수 있는 수박 껍질을 버리지 말고 활용해 보자.

2. 수박 껍질을 넓게 떠낸 다음, 봉황을 그려 보자.

3. 그림과 같이 만든 다음,

4. 봉황 안쪽에 깃털을 넣는다.

5. 머리에서 부터 시작해서 꼬리 깃털까지 U자형 도구로 넣는다.

6. 봉황의 몸이 완성 되었으면, 꼬리 깃털을 그려 보자.

7. 최대한 가늘고 길게 그리는 것이 화려해 보인다.

8. 무늬는 V자형 도구를 사용하여 넣는다.

9. 그림과 같은 방법으로 여러 개를 만들어 놓는다.

10. 모양이 조금씩 달라도 상관 없다.

11. 무를 이용하여 구름을 표현해 보자.

12. 얇게 떠낸 무에 구름을 그려서 접시에 장식한다.

Carving Club [052]

1. U자형 도구를 당근 중심에 돌려서 넣는다.

2. 당근을 얇게 편을 썬다.

3. 접시에 편을 썬 당근을 올려 놓는다.

4. 수박 껍질과 레몬으로 마무리 장식을 한다.

1. 레몬을 반으로 자른 다음, 그림과 같이 칼집을 넣는다.

2. 무와 당근으로 접시를 장식하자.

Carving Club [053]

1. 치즈와 토마토를 사용하여 장식을 해 보자.

2. 일정한 간격으로 접시에 배열한다.

3. 레몬을 편으로 썰어서 테두리에 장식한다.

4. 완성

1. 토마토를 자른 다음, 그림과 같은 모양으로 장식한다.

2. 당근을 이용하여 포인트 장식을 한다.

Carving Club [054]

1. 레몬을 편으로 썰어서 접시에 놓는다.

2. 레몬 사이에 적체리를 놓는다.
3. 토마토를 반으로 자른 다음, 썰어서 놓는다.

4. 키위와 무를 이용하여 마무리

1. 키위와 적체리를 그림과 같이 자른다.
2. V자형 도구를 사용하여 홈을 떠낸다.

3. 떠낸 당근을 접시에 놓는다.

4. 완성

Carving Club [061]

Carving Club [062]

Carving Club [063]

Carving Club [064]

Carving Club [066]

1. 파인애플을 반으로 자른다.

2. 자른 반을 1/3등분 한다.

3. 파인애플 끝을 사선으로 잘라서 준비한다.

4. 안쪽에 파인애플을 일정한 간격으로 먹기 좋게 등분한다.

5. 자른 파인애플을 엇갈리게 배치한다.

6. 오렌지를 그림과 같은 모양으로 준비한다.

7. 칼을 오렌지 중심에 어슷하게 넣어 그림과 같이 떠낸다.

8. 방울 토마토를 그림과 같이 잘라서 오렌지 위에 올려 놓는다.

9. 키위를 깎아서 먹기 좋은 크기로 어슷하게 자른다.

10. 자른 과일을 파슬리 또는 조화와 함께 접시에 담아 놓는다.

11. 사과를 8등분하여 준비 한다.

12. 8등분한 사과에 칼로 무늬를 넣는다.

Carving Club [067]

1. 사과를 반으로 갈라서 씨를 빼낸다.

2. V자형 도구나 칼을 사용하여 사선으로 무늬를 넣고 자른다.

1. 파인애플의 심지를 남겨 두고, 안쪽에 파인애플을 떠낸다.

2. 안쪽에 파인애플을 일정한 간격으로 자른 다음, 엇갈리게 배치한다.

1. 오렌지의 껍질을 벗겨 내고, 반으로 잘라서 일정한 간격으로 썰어 놓는다.

2. 나머지 반쪽의 오렌지는 칼로 층을 넣어 쌓아 올린다.

Carving Club [068]

1. 칼로 오렌지의 무늬를 넣고 반으로 자른다.

2. 노란색 메론을 사용하여 포인트로 꽃잎을 그려 놓는다.

1. 파인애플을 보기 좋은 크기로 잘라서 접시 중심에 배치한다.

2. 오렌지와 배도 같은 방법으로 배치하면 완성.

1. 오렌지, 바나나, 메론을 보기 좋고, 먹기 좋은 모양으로 만들어 보자.

2. 배와 사과를 사이사이에 배치해 접시에 깔아 놓는다.

Carving Club [069]

1. 노란색 메론과 배를 얇고 길게 편으로 썰어 놓는다.

2. 배와 메론을 안으로 돌돌 말아서 꽃을 만들어 보자.

3. 만들어진 꽃을 접시 중심에 놓는다.

4. 메론의 껍질에 사선으로 무늬를 넣는다.

5. 반대 방향도 같은 방법으로 넣는다.

6. 일정한 간격으로 접시에 담아 놓는다.

7. 파인애플도 같은 방법으로 자른다.

1. 야채를 활용하여 꽃으로 장식해 보자.

2. 포인트로 오렌지 껍질에 무늬를 넣어 보자.

비누 조각에 앞서
천연 비누 만들기

- MP비누 만들기 -

천연비누는 산성인 고급 식물성 기름과 알카리성인 가성소다를 혼합하여 만들며, 보습 효과와 향을 개인의 취향에 맞게 만들 수 있다.

조각하기에 앞서 일반비누와 천연비누의 차이점

일반 시중 비누는 저가의 동물성 기름 등을 원료로 사용하고, 세정력을 높이기 위한 합성세제, 보존기간을 높이는 방부제, 응고제, 색소, 인조향등의 각종 화학 첨가물을 넣어 조각을 할때 갈라지는 현상이 나타나므로 적합하지 않다.

천연 비누는 식물성 기름과 오일, 천연향 등을 사용하여 방향제 효과와 함께 섬세한 조각 장식을 할 수 있다.

야채와 과일의 단점을 보완해 주는 비누 조각

비누 조각의 장점은

천연색을 사용하여 다양한 색을 만들 수 있다.

여러가지 향을 첨가하여 방향제 효과를 얻을 수 있다.

접착제를 사용하지 않고 물과 불을 사용하여 붙일 수 있다.

조각한 작품을 반영구적으로 보존하여 오랜 시간을 장식 할 수 있다.

비누 조각의 단점은 손에 땀과 열로 인해 미끄러워 조각을 할때 주의 해야 한다.

천연 비누의 재료

올리브유(Olive Oil) - 올리브 열매에서 얻는 오일로 고급 비누를 만들 때 사용하는 지방산이다.
매우 부드러우며 좋은 보습 효과를 갖고 있고 모공을 막지 않는다.
코코넛유(Coconut Oil) - 코코넛의 건조 과육인 코프라(COPRA)에서 얻는 오일로 보습 기능과 함께 비누의 거품을 잘 일어나게 한다.
팜유(Palm Oil) - 팜 열매에서 얻는 오일로써 비누 거품을 풍부하고 빠르게 일게 하고 단단하게 한다.
포도씨유(Grapeseed Oil) - 오일의 끈적임이 적고 순하며, 기름 냄새가 거의 나지 않는 오일로 피부에 자극이 없다.
포도씨 오일에는 토코페놀이 다량 함유되어 있어 세포노화 방지에 좋으며 피부를 부드럽게 해준다.
비누 만들 때 첨가하면 산폐를 막아 비누의 보존 기간을 연장할 수 있으며 피부와 세포막에 중요한 리놀레인산과 필수 지방산이 풍부하여 마사지 오일, 목욕 오일 또는 캐리어 오일로 쓰인다.

녹여 붓기 비누 (Melt & Pour Soap) 만들기

핸드메이드 비누를 처음으로 접한다면 초보에게는 쉽게 비누 만드는 방법이다.
위험한 가성소다를 다루지 않아도 되며, 만들고자 하는 색과 향이 있는 에센셜 오일을 첨가하여 기능성 투명 비누를 만들 수 있으며, 숙성과정을 거치지 않으므로 금방 사용할 수 있다.
만드는 법이 아주 간단하여 예쁜 비누 만들기에 적당한 비누 제조법이다.

재료 - 비누 베이스, 에센셜 오일, 천연 색소, 에탄올

1. 1Cm 정도의 깍두기 모양으로 잘게 자른 투명 비누 베이스를 용기에 넣은 후 중탕을 하거나 또는 전자레인지에서 녹인다.
전자레인지를 사용할 때는 내열 유리 비이커나 전자레인지용 용기에 넣어 30초 정도 녹이고 10초 간격으로 보아 가면서 녹인다.
중탕으로 할 때는 손잡이가 있는 스텐레스 비이커가 있으면 편리하다.

2. 비누가 녹아서 액체가 되면 색소와 에센셜 오일을 첨가하여 잘 저어 섞어 준다.
에센셜 오일은 투명 베이스 100g에 3방울 정도 첨가한다.

3. 비누 형틀에 비누가 넘지 않도록 조심해서 붓는다.
거품이 많을 시에는 에탄올을 뿌려 주면, 거품이 제거 된다.
형틀에서 비누를 빨리 분리 시키려면 냉동고에 30분 동안 넣어 보관한다.

4. 비누 형틀에서 비누를 분리한 후 바로 사용하면 된다.
바로 사용하지 않을 시에는 랩으로 싸거나 지퍼팩에 넣어 수분흡착을 막고 향이 날아가는 것을 방지하는 것이 좋다.

Carving Club [073]

1. 블루 계열에 MP비누를 사용하여 꽃을 만들어 보자.

2. 일반 시중에 판매되는 비누는 갈라지기 쉬우므로, MP비누를 사용한다.

3. 얇게 편을 썬 비누에 꽃잎 모양을 그려 놓는다.

4. 두가지 색의 꽃잎을 준비하면 더욱 아름다운 꽃을 얻을 수 있다.

5. 흰색의 MP비누를 준비 한다.

6. 꽃봉오리로 사용하기 위해 테두리 부분을 다듬어 놓는다.

7. 꽃잎의 끝을 불이나 물로 녹여 접착한다.

8. 그림과 같이 봉오리를 중심으로 말아 놓는다.

9. 비누가 녹기 때문에 손에 땀이 많이 나면 장갑을 착용한다.

10. 야채, 설탕, 비누, 종이 등의 공예는 이와 같은 방법으로 만들 수 있다.

11. 다양한 색으로 여러 종류의 꽃을 만들어 보자.

12. 완성

Carving Club [074]

1. 비누를 사용하여 조각을 해보자. MP비누를 이중의 색으로 넣어 보자.

2. 적당한 5cm 두께로 비누를 자른다.

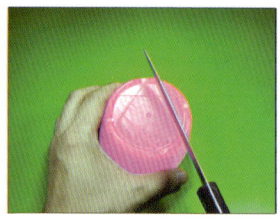

3. 일정한 간격으로 자르기 위해 밑면에 등분을 해보자.

4. 그림과 같이 오각형으로 자른다.

5. 오각형의 각각 모서리 부분을 꽃잎 모양으로 떠낸다.

6. 떠낸 꽃잎 모양의 안쪽을 역 오각형이 되게 다시 깎아 놓는다.

7. 두번째 꽃잎도 처음과 같은 방법으로 떠낸다.

8. 세번째는 꽃봉오리를 만들어 꽃을 완성 시키자.

9. 그려진 홈을 떠내면 꽃을 볼 수 있다.

10. 야채도 같은 방법으로 만들 수 있다.

11. 녹색의 MP비누로 꽃잎을 그려 보자.

12. V자형 도구를 사용하여 꽃 줄기를 그려 보자.

Carving Club [075]

1. MP비누를 녹여 종이컵에 담아 놓으면, 꽃모양의 틀이 완성된다.

2. 꽃잎이 일정한 간격이 나오도록 등분을 표시하면서 떠낸다.

3. 떠낸 홈을 다시 한번 떠내어서 꽃잎을 만든다.

4. 이런 방법으로 여러 개의 꽃잎을 만들자.

5. 꽃잎의 안쪽을 다시 둥글게 만든다.

6. 떨어진 홈을 따라서 비누를 빼낸다.

7. 두번째 꽃잎도 처음과 같은 방법으로 꽃잎을 만든다.

8. 같은 방법으로 비누를 둥글게 떠낸다.

9. 같은 방법으로 반복하면 그림과 같이 꽃이 만들어 진다.

10. 비누가 신축성이 있기 때문에 손으로 꽃잎을 활짝 펴서 말아 준다.

11. 측면에서 보는 것처럼 꽃이 피어 오르는 느낌을 주도록 한다.

12. 완성

Carving Club [076]

1. 이중의 색을 이용하여 MP비누를 만들어 보자.

2. 노란색의 면을 반원으로 만든다.

3. 각이 없게 매끄럽게 다듬어 준다.

4. U자형 도구를 사용하여 꽃잎을 만들자.

5. 꽃잎과 꽃잎 사이가 일치하도록 한다.

6. 같은 방법으로 꽃잎이 만들어 졌으면.

7. 안쪽을 둥글게 조각칼로 떠낸다.

8. 두번째도 같은 방법으로 꽃잎을 만들자.

9. 꽃잎이 가늘고 길기 때문에 떨어지지 않게 주의 하자.

10. 세번째도 같은 방법으로 한다.

11. 야채보다 비누를 이용하면 다양한 색을 사용할 수 있다.

12. 완성

Carving Club [077]

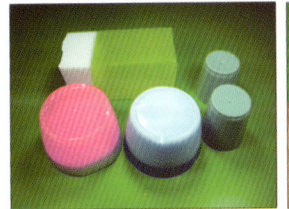
1. 색색의 비누를 다양하게 만들어서 준비 한다.

2. 5Cm 두께로 비누를 자른다.

3. 비누를 반원 모양으로 깍아 낸다.

4. 각이 없게 매끄럽게 다듬어서 준비 한다.

5. 조각칼을 비누 중심에 넣고 돌려 낸다.

6. 돌려 낸 꽃잎 부분을 떼낸다.

7. 같은 방법으로 여러 개의 꽃잎을 그려 보자.

8. 꽃잎이 떨어지지 않게 칼의 깊이에 주의 하자.

9. 봉오리가 될 부분은 둥글게 다듬어 놓는다.

10. 꽃잎 그리기와 같은 방법으로 칼로 그리고 떠낸다.

11. 야채보다 보존이 반영구적으로 가능해서 장식용으로도 좋다.

12. 향을 첨가하면 방향제 역할도 가능하기 때문에 실용적이다.

Carving Club [078]

1. U자형 도구를 사용하여 작은 원을 그린다.

2. U자형 도구로 꽃잎의 홈을 떠낸다.

3. 떠낸 홈을 다시 떠낸다.

4. 비누와 꽃잎이 떨어 지도록 도구를 깊게 넣는다.

5. 그림과 같은 방법으로 여러 개를 만든다.

6. 완성된 꽃잎을 나뭇잎 위에 장식하면 완성

7. 완성

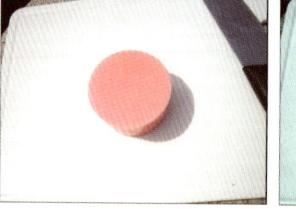
1. 5Cm 두께로 비누를 자른다.

2. 조각칼로 꽃잎이 떨어지지 않게 떠낸다.

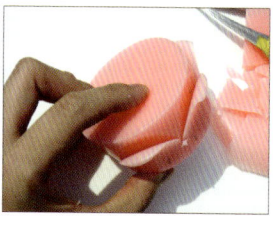
3. 안쪽을 조각칼로 돌려서 떠내고 같은 방법으로 꽃잎을 만든다.

4. 완성

Carving Club [079]

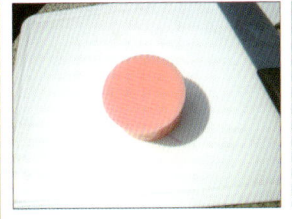
1. 비누를 5Cm 두께로 자른다.

2. 일정한 간격으로 오각형을 만든다.

3. 꽃을 떠낸다.

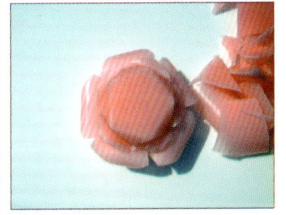
4. 두번째 꽃잎도 같은 방법으로 엇갈리게 떠낸다.

5. 세번째도 같은 방법으로 한다.

6. 봉오리를 마무리 하면 완성

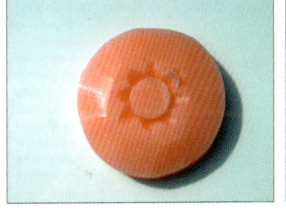
1. 2Cm 두께로 자른 다음, U자형 도구를 사용하여 꽃잎을 만든다.

2. 이런 방법으로 반복하면 꽃이 완성된다.

1. 꽃 봉오리를 그림과 같이 만든다.

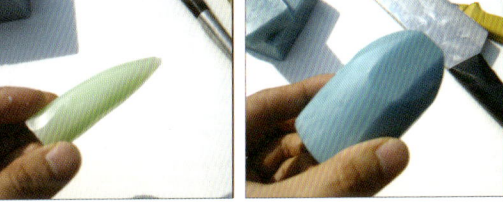
2. 꽃잎의 형틀을 그림과 같이 준비 한다.

3. V자형 도구를 사용하여 꽃잎에 주름을 넣는다.

4. 꽃잎을 봉오리에 물로 접착하면 완성

Carving Club [080]

1. 비누를 이용하여 새를 만들어 보자.

2. 비누를 직삼각형 모양으로 자른다.

3. 다리가 될 부분을 그림과 같이 칼집을 넣는다.

4. 새의 머리와 부리를 만들어 준다.

5. 다리도 조각칼을 사용하여 만든다.

6. 각이 있는 부분을 매끄럽게 다듬어 놓는다.

7. V자형 도구로 새의 깃털을 넣는다.

8. 전체적으로 넣으면 새의 몸이 만들어진다.

9. 나머지 비누를 이용하여 새의 날개를 만들자.

10. 날개의 안쪽에 무늬를 넣는다.

11. 물을 사용하여 몸과 날개를 접착한다.

12. 완성

1. 비누를 양쪽 끝이 붙어 있게 자른다.

2. 그림과 같이 더듬이를 그린다.

3. 날개의 안쪽에 홈을 떠내어 무늬를 넣는다.

4. 더듬이를 날개의 안쪽에 넣으면 완성.